T.A.F. est une émission diffusée sur la Cinquième, produite par
Christian Blachas (CB News TV). Idée originale : Rémi Champseix.
Rédactrice en chef : Nathalie Le Breton assistée de Sophie Bourdon.

L'éditeur tient à avertir ses jeunes lecteurs que ce petit livre, s'il permet de découvrir l'attrait et la diversité des professions du vin, ne se veut pas une incitation à boire le divin nectar, dont la consommation excessive est dangereuse.

Conception graphique : Nicolas Gilson

Crédits photographiques :

UIVB : couverture, 14, 19 (b), 30, 46 (b), P. Bouard, coll. Civa Colmar : 6, 24 (h), 28, 42 J.-C. Malaye, coll. Civa Colmar : 7 (b), 39 MP/DR : 8 Réunion des Musées nationaux : 9 Scope, J. Guillard : 7 (hg), 10 (h), 11 (h), 11 (b), 13, 16, 24 (b), 26, 29, 32 (h), 33, 34, 36, 40 (b), 46 (h) Scope, F. Jalain : 10 (b), 22 (hg), 45 (h) Scope, J.-L. Barde : 12, 17, 18, 20 (h), 20 (b), 22 (bg), 22 (bd), 27, 43, Scope, M. Guillard : 15 (h), 15 (b), 22 (h), 23, 31, 40, 41 (h), 41 (b), 44 (h), 45 (b) Scope, D. Czap : 19 (h) Scope, I. Eshraghi : 25 Scope, Ph. Blondel : 47 (d) TAF/La 5ᵉ Edition : 32 (bd), 35, 37, 38 (h), 38 (b), 44 (b)

http://www.casterman.com

ISBN 2-203-23840-2

Imprimé en Belgique par Casterman s.a., Tournai.

Dépôt légal : avril 1999 ; D. 1999/0053/37

Déposé au ministère de la Justice, Paris (loi n° 49.956 sur les publications destinées à la jeunesse).

Les métiers du vin

A L I   L A Ï D I

les
compacts

casterman
La Cinquième
E D I T I O N
T.A.F.

S O M M

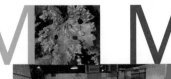

I

A ◯ R◯E

Les formations 28

2

Interviews 42

3

Les métiers de la vigne

Vigneron, sommelier, œnologue…

Le secteur de la vigne et du vin ne se limite plus à ces métiers traditionnels. Le monde de la vitiviniculture bouge et se diversifie sous la pression du marché et du client. Certes, la consommation de vin régresse régulièrement depuis vingt ans. Cela ne signifie pas qu'il soit devenu un produit ringard. Au contraire. Le consommateur est devenu plus exigeant. Il veut boire moins mais mieux. Du coup, les professionnels du secteur multiplient les initiatives. À Bordeaux, on va prochainement ouvrir un centre de vinothérapie où l'on soulagera les maux des gens à l'aide de bains de jus de raisin… À Narbonne, les chercheurs mettent au point de nouveaux produits alimentaires à base de moût et de vin. Dans toutes les régions viticoles, les exploitations s'organisent pour accueillir des amateurs affamés de connaissance durant des séjours œnologiques. Après avoir conquis Wall Street, le vin surfe sur le Net. Bref, le doux nectar prépare son entrée dans le XXIe siècle. Du coup, obligées de suivre ce rythme, les formations aux métiers du vin et de la vigne tentent de s'adapter.

Le consommateur est devenu plus exigeant. Il veut boire moins mais mieux…

Vendanges manuelles dans le vignoble alsacien.

Sur ce vase grec du Ve siècle av. J.-C., une ménade offre une coupe de vin à Dionysos.

Vin : la boisson divine Le vin demeure un mystère. Qui a fait les premières vendanges ? Où ont été plantées les premières vignes ? Qui a vinifié pour la première fois ? Devant toutes ces questions, les historiens sèchent. Impossible de déterminer avec précision les origines de la vigne et du vin. Une chose est sûre : le vin est intimement lié à la culture humaine depuis sept mille ans. Les Grecs et les Romains situaient déjà son existence dans leur préhistoire. On trouve des traces dans l'ancienne Égypte de listes de vins avec le nom du vigneron et l'année de la récolte. Les Babyloniens réglementaient même les boutiques à vins. Dans leur littérature – *L'Épopée de Gilgamesh*, réputée comme la première œuvre d'imagination écrite (1800 av. J.-C.) –, le vin et la vigne apparaissent comme des biens magiques et sacrés.

Les plus vieux pépins issus d'une vigne cultivée remontent à sept mille ans. Ils ont été découverts dans le Caucase, à l'est de la mer Noire. Mais c'est plus au sud que le vin rencontre la civilisation occidentale et en devient un élément central. La légende dit que c'est le dieu Dionysos qui introduisit le doux nectar en Grèce depuis l'Asie Mineure (Turquie actuelle). Ce fils de

DIONYSOS

Zeus, mi-homme, mi-dieu, était considéré dans la mythologie grecque comme le dieu du vin. Lui-même représentant la vigne et son sang, le vin. Les Romains rebaptisèrent Dionysos en Bacchus. Les chrétiens s'emparèrent du mythe et truffèrent leurs textes bibliques de références à la vigne. « Une bonne épouse est pour son mari comme une vigne féconde » (Psaumes, 128, 3). La vigne est le royaume de Dieu. Il est le vigneron qui envoie Son Fils visiter Sa vendange. Il transforme même Son Fils en vigne, le sang du Christ étant le vin de la Nouvelle Alliance.

Une légende talmudique vante les mérites et les dangers du vin. Noé est en train de planter sa vigne. Arrive alors le diable qui lui propose de "travailler de moitié". Celui-ci revient avec un porc, un agneau, un lion et un singe qu'il égorge en répandant leur sang sur la terre. « Si l'homme mange du fruit de la terre, dit-il, il est doux et bon comme un agneau ; s'il boit le vin, il s'imagine être un lion et malheur lui arrive. S'il boit habituellement, il devient grossier comme un porc ; s'il s'enivre, il babille, se dandine et grimace comme un singe. »

Travail de la vigne en automne : mosaïque gallo-romaine de Saint-Romain-en-Gal (Rhône).

Le viticulteur Chef d'exploitation, il en est le gérant, parfois le propriétaire. Il travaille avec des ouvriers viticoles. Dans les petites exploitations, il assume souvent plusieurs tâches et fait appel à un œnologue pour des opérations plus délicates. Son rôle consiste avant tout à organiser la vie du vignoble. Ses connaissances sont très larges. Il maîtrise toutes les questions liées à la culture de la vigne. Il prend les grandes décisions en matière de traitement chimique, de taille et de plantation. Dans la cave, la transformation du raisin en vin n'a pas de secret pour lui. Degré d'alcool, température du doux nectar, densité en sucre… il peut réagir à la moindre information fournie par ces indicateurs. Pour éclairer ses choix, il profite des conseils de ses ouvriers qualifiés. En revanche, la partie commerciale est de sa seule responsabilité. Même dans les petites exploitations familiales, le réseau de distribution personnel n'est plus suffisant. Pour rentabiliser les investissements, il faut pouvoir prospecter au-delà de sa clientèle traditionnelle. Le viticulteur multiplie donc les salons et les foires. Son but : se faire connaître dans les autres régions, voire à l'étranger. Autre responsabilité de taille pour le viticulteur : l'investissement. Comme n'importe quel chef d'entreprise, il veille sur son outil de production afin que celui-ci ne soit pas technologiquement dépassé. L'un des grands débats qui agitent actuellement la profession porte sur la mécanisation des vendanges. Faut-il continuer à faire appel à l'homme ou utiliser les nou-

Le traitement chimique de la vigne impose certaines précautions.

⑩ L'un des grands débats qui agitent actuellement

la profession porte sur la mécanisation des vendanges.

velles machines qui arrivent sur le marché ? La nouvelle génération de viticulteur penche plutôt vers la seconde solution. « Nos parents ne saisissent pas l'intérêt de ces machines, explique Édouard, fils de viticulteur. Elles nous permettent de gagner un temps fou et de diminuer les coûts salariaux de l'exploitation. » « Le temps gagné se fait hélas au détriment de la qualité de la récolte », rétorque André Roth, chef d'exploitation, pour qui la main de l'homme reste irremplaçable.

C'est un métier physique qui nécessite une bonne résistance aux conditions atmosphériques.

L'ouvrier viticole C'est l'homme du contact avec la terre. Chargé du bon état de la vigne, il travaille sous la surveillance du viticulteur, chef de l'exploitation. Sa compétence est suffisamment large pour pouvoir aborder tous les problèmes de la vigne. Toutefois, sa responsabilité s'arrête souvent au seuil de la cave, où opère le caviste, lui-même ouvrier. Il s'occupe donc des travaux liés au sol. « C'est un métier physique qui nécessite une bonne résistance aux conditions atmosphériques », explique Marc, ouvrier viticole en Alsace. Le traitement de la vigne, sa taille, parfois sa plantation et bien sûr les vendanges entrent dans sa sphère de compétence. Il doit donc faire preuve de multiples connaissances

Taille de la vigne à Séguret (Vaucluse).

techniques et scientifiques. Connaître la vigne, c'est savoir distinguer les différentes étapes de sa croissance, diagnostiquer une maladie en fonction de la couleur des feuilles, de l'état général du plan de vigne et réagir très rapidement afin de proposer un traitement efficace. C'est aussi anticiper la météo pour éviter de mauvaises récoltes. Certes, l'ouvrier ne prend pas de décision, mais il peut suggérer des solutions au chef d'exploitation. La plupart des propriétés disposent en moyenne d'un ouvrier viticole. Plus il est expérimenté, plus ses responsabilités sont larges. Résultat : ces hommes – car les femmes sont rares – sont très recherchés. Ouvrier hyperqualifié, son salaire dépasse parfois les 10 000 FF par mois. En revanche, l'évolution de carrière est plus incertaine. Posséder sa propre exploitation est devenu pratiquement impossible aujourd'hui tant le remboursement des crédits accordés est difficile à supporter.

Ouvrier hyperqualifié, son salaire dépasse parfois les 10 000 FF par mois.

Le caviste C'est un ouvrier qualifié. Il travaille essentiellement dans la cave et se rend très rarement dans les vignes. Du moins en période de vendange. Il est responsable du bon déroulement des différentes opérations qui permettent de transformer le raisin en vin. Son travail commence dès l'arrivée en cave des premiers raisins récoltés. Il est chargé de mettre en place tout le dispositif d'accueil. Concrètement, il manipule un élévateur pour décharger les tracteurs et verser le contenu des hottes dans les broyeurs.

Arrivée du raisin au domaine Romanée-Conti (Côte-d'Or).

Lesquels séparent le jus de raisin des matières solides. Ensuite, le liquide sucré est envoyé dans un appareil chargé de le filtrer. Ce n'est qu'après ces deux opérations que le jus est stocké dans des cuves. Suit la surveillance de la transformation de ce jus en alcool. Quotidiennement, le caviste contrôle la température ainsi que la densité du doux nectar. Conseillé par un œnologue, dirigé par le chef d'exploitation, il choisit le moment idéal de maturation du vin pour le laisser tranquillement vieillir en fût, dans des cuves en inox ou en plastique. Ce choix dépend de la qualité et du goût qu'il souhaite donner à son produit. Responsable du matériel, il veille à son entretien. Enfin, il est également associé à l'embouteillage et à l'étiquetage des bouteilles. Généralement, le caviste travaille soit dans une propriété, soit dans des coopératives importantes. Lorsque la taille de la structure qui l'accueille est importante, il exerce sous la responsabilité d'un maître de chai, véritable directeur technique de la cave.

L'œnologue Il y a encore une dizaine d'années, il était facile de décrire la fonction d'un œnologue. Aujourd'hui, la tâche est plus coriace. Autrefois cantonné à l'aspect physico-chimique du vin, l'œnologue s'est ouvert à

Le caviste est responsable du bon déroulement des différentes opérations qui permettent de transformer le raisin en vin.

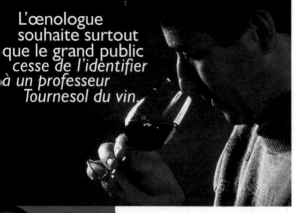

L'œnologue
souhaite surtout
que le grand public
cesse de l'identifier
à un professeur
Tournesol du vin.

Avec 20 %
d'œnologues
femmes, c'est
sans doute la
profession la
plus féminisée
du secteur.

d'autres fonctions, à d'autres métiers même. Il n'est plus seulement l'expert scientifique enfermé dans son laboratoire ou dans la cave du vigneron. **Certes**, il intervient toujours sur la vigne (choix, traitement et maladies des cépages…), la vinification (prélèvements, contrôle de la fermentation, conditionnement…), la distillation. Mais il revendique une compétence dans d'autres activités.

L'œnologue, cru 1999, souhaite surtout que le grand public cesse de l'identifier à un professeur Tournesol du vin. D'ailleurs, les faits sont de son côté. Une enquête de l'Union des œnologues de France – qui regroupe 1 500 professionnels sur un total de 6 500 titulaires du titre – indique que la part d'entre eux assumant une fonction technique (analyses et conseils en vinification) n'a pas bougé depuis dix ans et stagne à 29 %. En revanche, l'étude montre que les œnologues ont investi tous les domaines liés au vin. On les rencontre aussi bien au niveau des contrôles de vinification que de la commercialisation. Un chiffre : 2,1 % des adhérents à l'UOF assuraient une fonction commerciale en 1986. Ils sont plus de 8 % aujourd'hui. Ils investissent aussi les secteurs de la communication et des relations publiques. Qui mieux que l'œnologue peut informer les journalistes ? À moins qu'il n'exerce lui-même cette fonction dans la presse.

Ses nombreuses qualités peuvent l'amener à diriger des entreprises telles que des maisons de négoce ou des coopératives. Enfin, sa réputation est telle que beaucoup d'entre eux ont été attirés par l'expatriation. Ils mènent d'ailleurs d'excellentes carrières à l'étranger. Avec 20 % d'œnologues femmes (contre 12 % en 1986), c'est sans doute la profession la plus féminisée du secteur.

Le tonnelier C'est lui qui donne la touche finale au vin. Après la vinification, la boisson de Bacchus repose plusieurs mois dans des

cuves. Le *nec plus ultra* consiste à le conserver dans des barriques en bois et non des cuves en plastique ou en inox. Seulement 3 à 4 % de la production mondiale de vin passe par le noble matériau. Lequel a été fabriqué avec patience par le tonnelier. Depuis quelques années, il est de nouveau de bon ton d'utiliser le bois. Et pas seulement pour les grands crus. Résultat : le travail ne manque pas. La preuve : la bonne santé économique des principaux tonneliers français, réputés les meilleurs du monde. D'ailleurs, l'été dernier, deux d'entre eux, Seguin Moreau et Radoux (respectivement 300

LE **NEC PLUS ULTRA** CONSISTE À LE CONSERVER DANS DES BARRIQUES EN **BOIS** ET NON DES CUVES EN **PLASTIQUE** OU EN **INOX**.

et 120 millions de chiffre d'affaires), sont entrés en Bourse. Une étape financière qui oblige ces entreprises à rationaliser la fabrication de leur produit. Le tonnelier n'assure pas seulement la fabrication des fûts, il est aussi responsable de l'entretien et de la mise en bouteilles. Bref, c'est un technicien de très haut niveau.

L'agent technico-commercial possède de multiples compétences : commerce et commerce international, langue étrangère, marketing.

Le technico-commercial

C'est le vendeur. L'homme qui fait l'interface entre les vignerons et les acheteurs. Il est souvent rattaché à

Vinexpo à Bordeaux, l'une des grandes manifestations commerciales autour du vin.

une cave coopérative qui regroupe plusieurs viticulteurs ou à une maison de négoce, chargée de décrocher les meilleurs prix de vente. La maison de négoce manipule de grandes quantités de vin et travaille avec les grands crus, généralement à l'export. L'agent technico-commercial possède de multiples compétences : commerce et commerce international, langue étrangère, marketing. Pour être capable de conseiller un client, il doit pouvoir parler des techniques de vinification. Outre ses qualités techniques et commerciales, il connaît et apprécie les acteurs de ce milieu. Sait discuter avec un vigneron et négocier avec un chef de rayon de supermarché. « Faire du bon vin n'est pas suffisant, encore faut-il savoir

Vente et dégustation de vin hongrois à Vinexpo.

le vendre » : dans le milieu viticole, cette maxime est devenue un dogme. « Les Français dorment sur leur lauriers. Sous prétexte de faire le meilleur vin du monde, ils ne se décarcassent pas pour le vendre », regrette un vendeur. Pas question pour autant que le vigneron assume toutes les fonctions à lui seul. Il ne peut correctement fabriquer et vendre. D'où le développement de la fonction commerciale, de plus en plus assurée par une personne extérieure à la vigne. « Parcourir les foires et les salons, négocier de grandes quantités de vin avec les grandes surfaces exige un travail à plein temps », reconnaît Philippe Vorburger, exploitant en Alsace. Conscient de la tâche, il envisage d'embaucher un agent technico-commercial pour trouver de nouveaux marchés, à l'étranger par exemple. La mondialisation, l'ouverture des frontières aux produits étrangers entraînent une sophistication de plus en plus forte des techniques de vente. Aujourd'hui, le prix d'un vin ne dépend pas seulement de sa qualité, il est aussi sujet aux soubresauts de la Bourse.

« Les Français dorment sur leur lauriers. Sous prétexte de faire le meilleur vin du monde, ils ne se décarcassent pas pour le vendre. »

Le sommelier Chez soi, la fonction revient au maître de maison. Au restaurant, servir les vins est l'apanage du sommelier. C'est lui qui conseille les clients sur le choix du vin en fonction des plats qu'ils ont commandés. Fin connaisseur,

excellent dégustateur, le mariage des mets et du nectar de Bacchus n'a pas de secret pour lui. Mais à ses yeux, un troisième élément détermine son choix : c'est le client, « son caractère, son humeur même me permettent de lui conseiller tel ou tel vin », remarque Philippe, sommelier dans un restaurant gastronomique isérois. Dans ce métier, les relations humaines comptent beaucoup. « On ne propose pas les mêmes produits à des jeunes gens qu'à des personnes plus âgées », ajoute-t-il. Aimable, ouvert, chaleureux, le sommelier n'en n'est pas moins un véritable expert, un connaisseur hors pair. D'ailleurs, il existe même des concours pour départager les meilleurs. Remporter le titre international reste l'ultime reconnaissance dans le milieu. Les candidats sont évalués à travers une série d'épreuves de dégustation. Il faut non seulement reconnaître l'origine, le nom et l'année du vin, mais aussi pouvoir en parler en véritable poète. Les sommeliers disposent d'un vocabulaire large et varié pour comparer, définir, décrire, suggérer les qualités et les défauts des vins.

Dans le restaurant, le sommelier est aussi responsable de l'entretien et de la gestion de la cave. Il élabore la carte des vins en concertation avec le restaurateur. Rien ne doit lui échapper. Il doit rester constamment branché sur l'actualité du monde viticole. Il garde en tête l'histoire de chaque vin, avec son millésime, ses années fastes ou creuses. Bref, technicien, historien, conteur, il réunit toutes ces qualités dans un seul but : donner envie de boire intelligemment.

TECHNICIEN, HISTORIEN, CONTEUR, IL RÉUNIT TOUTES CES QUALITÉS DANS UN SEUL BUT : DONNER ENVIE DE BOIRE INTELLIGEMMENT.

ncroyable, les Français ne sont premiers nulle part, ni en production, ni en consommation. Malgré une moyenne de 53 millions d'hectolitres produits par an, l'Italie leur vole la première place (56 millions). L'Espagne possède la plus grande superficie de vignoble avec plus d'un million d'hectares. Quant à la consommation, la surprise est encore plus grande. Avec une moyenne de 35 millions d'hectolitres, les Français ne boivent que 6 litres par an et par personne. Comparé aux 30 litres des Allemands, 42 litres des Anglais et même aux 63 litres des Irlandais et Italiens, leur réputation de bons vivants en prend un coup. Les meilleurs clients restent les Américains qui raflent près de 17 % des exportations mondiales. Et que boivent-ils ? Cognac, champagne et bordeaux forment le trio de tête du hit-parade des

Production & consommation

vins et spiritueux à l'exportation. Suivent les vins de pays de table, le bourgogne et le côtes-du-rhône. Une aubaine pour la France qui voit son chiffre d'affaires à l'exportation augmenter en 1997 de 16 %. 42 milliards de FF, c'est l'équivalent de 135 *Airbus* vendus. Les Australiens, Californiens et autres Argentins sont donc loin de représenter une véritable concurrence pour les vignobles français. En revanche, c'est sur le marché national que la concurrence pointe son nez. Devinette : quel est le vin le plus vendu en France ? Ce n'est ni un beaujolais, ni un bordeaux, ni un bourgogne. Le vainqueur vient d'Afrique du Nord : 9 millions de bouteilles de sidi-brahim ont été consommées l'année dernière.

Comment fabriquer un tonneau ?

Première étape pour fabriquer un tonneau : sélectionner le meilleur bois. Les scientifiques prétendent qu'il s'agit des chênes pédonculés et sessiles. Les meilleurs spécimens de ces espèces se trouvent en forêt de Tronçais, dans l'Allier. Le prix du bois peut atteindre 3 000 FF au mètre cube. Pour abattre l'arbre, il faut qu'il ait entre 150 et 200 ans. Chaque année, 8 % des chênes abattus servent à fabriquer les tonneaux. Après l'abattage, le tonnelier stocke les grumes (troncs) pendant une année. Puis il les fend dans le sens de la fibre pour des questions d'étanchéité. Il renouvelle l'opération pour transformer les grumes en billons, quartiers, doublons et enfin merrains. Ces derniers restent deux années à l'air libre sous le vent, la pluie et le soleil. Une étape qui permet aux champignons d'envahir le bois afin de dégager des enzymes capables d'effacer certains aspects amers du matériau. À l'issue du "séchage", les merrains sont taillés et poncés pour devenir des douelles que le tonnelier assemble pour former la barrique. Pour donner sa forme au tonneau, le tonnelier chauffe le bois sur un brasero. Une chauffe moyenne offre une odeur légèrement vanillée, des degrés supplémentaires accentuent la vanille et procurent des touches de noix de coco et d'épices. Plus de chaleur, et vous obtenez des arômes fumés, voire minéraux.

Savoir lire
une étiquette

(À PARTIR D'UNE APPELLATION FICTIVE)

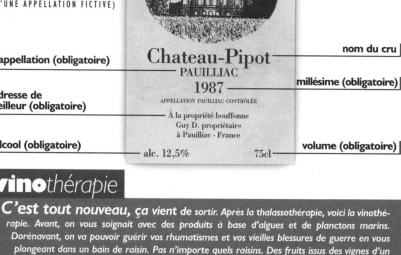

nom de l'appellation (obligatoire)

nom et adresse de
l'embouteilleur (obligatoire)

degré d'alcool (obligatoire)

nom du cru

millésime (obligatoire)

volume (obligatoire)

Chateau-Pipot
PAUILLIAC
1987
APPELLATION PAUILLIAC CONTRÔLÉE

À la propriété bouffonne
Guy D. propriétaire
à Pauilliac - France

alc. 12,5%   75cl

La vino*thérapie*

C'est tout nouveau, ça vient de sortir. Après la thalassothérapie, voici la vinothérapie. Avant, on vous soignait avec des produits à base d'algues et de planctons marins. Dorénavant, on va pouvoir guérir vos rhumatismes et vos vieilles blessures de guerre en vous plongeant dans un bain de raisin. Pas n'importe quels raisins. Des fruits issus des vignes d'un grand cru. En mai prochain ouvre dans le Bordelais un établissement appelé pour l'heure "balnéothérapie à base de raisins". Les médias préfèrent "vinothérapie". Les propriétaires qui ont osé proposer un tel service possèdent le château Smith-Haut-Lafitte, un cru classé dans les pessac-léognan. Bains au jus de raisin frais, à la vigne rouge et aux huiles essentielles, massages à l'huile de pépins, pommades à la levure de vin… le programme s'annonce plutôt alléchant. Et le prix costaud : 3 500 FF les deux journées. Autant dire que la clientèle visée ne gagne pas le Smic. D'ailleurs, les propriétaires annoncent qu'ils sont déjà submergés par les demandes de réservation provenant des États-Unis, du Japon et de Grande-Bretagne. Rendez-vous donc au printemps pour le grand enivrement !

VINS ET BIO

La vigne est une grande consommatrice d'engrais, pesticides, fongicides et autres mystérieuses poudres qui n'ont qu'un inconvénient : ils la rendent feignante et surtout attaquent ses défenses immunitaires. Bourrées de fortifiants, les racines ne prennent même plus la peine d'aller chercher sous terre les sels minéraux autrefois indispensables. La photosynthèse des feuilles peine à fournir la force nécessaire à la plante pour arriver à maturité. Du coup, la viticulture biologique revient à la mode. Certains viticulteurs, considérés comme des fous dans la profession, font le pari de l'élevage naturel. Un pari difficile tant les dégâts sont considérables. Impossible par exemple de passer d'une viticulture chimique à une viticulture biologique du jour au lendemain. La vigne n'y survivrait pas. Beaucoup de vignerons ont opté pour une "lutte raisonnée". Ils continuent de traiter chimiquement leurs vignes, mais avec des produits qui ne pénètrent pas en profondeur dans la plante. Ce qui leur interdit toutefois de vendre leur production avec l'appellation "vin issu de l'agriculture biologique". Une appellation floue, puisqu'il n'existe aucune charte précise sur la définition d'un vin biologique. Car la législation s'arrête au seuil de la cave. Ce qui se passe à l'intérieur ne concerne que le vigneron et ses secrets de vinification.

La lutte contre le mildiou ou les acariens de la vigne impose un traitement régulier.

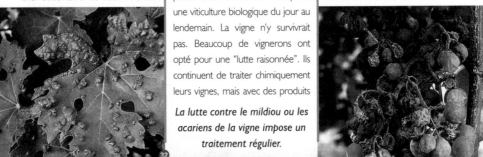

La police du vin

Munis d'une petite mallette bourrée d'équipements d'analyse biologique et d'une carte tricolore, une cinquantaine d'inspecteurs des fraudes spécialisés dans le vin traquent sans merci les vignerons, restaurateurs, responsables de grandes surfaces… qui ne respectent pas la législation sur le vin. Rattachés à la Direction de la concurrence, de la consommation et de la répression des fraudes (DGCCRF), la plupart sont issus des formations agricoles de niveau ingénieur ou bac + 5. Ils possèdent également de solides connaissances en viticulture et viniculture. Certains d'entre eux rivalisent avec d'excellents sommeliers. Apprécier et connaître le vin n'est pas leur seule qualité, ils sont avant tout les défenseurs du consommateur et surtout de la santé de celui-ci. D'après les dernières statistiques de l'administration française, 2 à 3 % de la production vinicole française (estimée à 50 millions d'hectolitres par an) est l'objet de fraude. Il existe essentiellement deux types de fraude. La première concerne l'usurpation d'appellation et la fausse publicité

23

sur l'étiquette. Certains vignerons ou grands négociants n'hésitent pas à se mélanger consciemment les pinceaux lorsqu'il faut nommer leur vin. Il leur arrive ainsi d'attribuer une autre appellation à leur production. Trois cent cinquante sont recensées en France. Ils n'ont que l'embarras du choix. Plus grave est le second type de fraude, car il peut mettre en danger le consommateur. Il s'agit des manipulations effectuées dans la cave du vigneron. Celles-ci sont normalement réglementées par un texte communautaire daté du 16 mars 1997, actuellement en révision. Ce document liste notamment les substances qui ne doivent pas être mélangées au vin telles que le lait (pour une question de goût), la glycérine (pour le moelleux), les copeaux de chêne, les arômes artificiels ou encore l'eau. Le sucre, le soufre et l'acide tartrique sont autorisés dans certaines régions et à condition de respecter les dosages. Avec l'équivalent d'un million d'hectolitres à surveiller chaque année, les inspecteurs parviennent à assurer plus de 26 000 vérifications. En 1998, ils ont inspecté plus de 7 000 établissements viticoles et collés plus de 2 700 rappels à la réglementation.

Le "boom" des séjours œnologiques

« *Les Français boivent moins* », se lamentent certains viticulteurs. « Certes, mais ils boivent mieux », ajoutent ceux qui ont compris que la demande du public avait changé. Dorénavant, on consomme le vin en véritable épicurien. D'où l'explosion d'un secteur touristique nouveau : les séjours œnologiques. Pendant leurs congés, les amateurs de bons vins ne se contentent plus de la traditionnelle route des vins. Ils séjournent dans l'exploitation et prennent des cours. Rien que dans le Bordelais, une cinquantaine de stages ont été organisés en 1997, accueillant plus de cinq cents personnes. Soit quatre fois plus de curieux qu'il y a quatre ans. Le programme de ces rencontres est plutôt chargé. Outre les cours de connaissance du vin, de dégustation, de reconnaissance des saveurs et arômes, ces assoiffés du savoir œnologique se familiarisent avec la vie d'une exploitation, découvrent un vignoble et ses cépages, et suivent le travail quotidien d'un vigneron, de la vigne à l'embouteillage. Enfin, ils apprennent à harmoniser les plats avec les vins et découvrent la gastronomie locale. Dans les prochaines années, ce tourisme pourrait se développer et obliger les propriétaires à employer du personnel qualifié pour accueillir ce nouveau public qui n'hésite pas à débourser en moyenne 1 500 FF par jour et par personne. D'autant qu'une autre clientèle montre un intérêt certain pour.la formule : les entreprises. De plus en plus de sociétés envoient leurs cadres suivre des cours d'œnologie. Car ce type de compétence devient un outil de communication efficace pour conclure des négociations commerciales autour d'un repas d'affaires. À l'École du vin de Bordeaux, on note une augmentation de la fréquentation de 23 % cette année. Augmentation essentiellement due aux cadres. Tous volontaires, ils reconnaissent deux motivations : se cultiver et impressionner les clients étrangers. Question management, ça change des ennuyeux stages de vente.

Le vin et la santé

Le vin nourrit
Le vin guérit
Le vin réjouit

LE VIN EST LA PLUS SAINE ET LA PLUS HYGIÈNIQUE DES BOISSONS

PASTEUR

Buvons Amis, le vin de mer cent ans

Le vin, consommé à petite dose, nous préserve contre les maladies cardio-vasculaires.

Depuis qu'en 1992, un chercheur, le docteur Serge Renaud, annonçait dans une revue scientifique (*The Lancet*) le résultat de ses travaux sur les rapports du vin à la santé, on ne parle que du *French Paradoxe*. Le vin, consommé à petite dose, nous préserve contre les maladies cardio-vasculaires.

Ce sont des études comparatives entre des régions et des pays qui permettent d'aboutir à ces conclusions. La plus connue concerne les Américains et les Toulousains. Les seconds ingurgitent autant d'aliments constitués de graisses saturées que les premiers et les deux populations possèdent un taux de cholestérol équivalent. Pourtant, les Américains meurent trois fois plus de maladies coronariennes. Élément perturbateur selon les scientifiques : le vin et les vertus exceptionnelles de ses constituants tels que les polyphénols, fabricants de « bon cholestérol ». Reste que la consommation quotidienne doit se limiter à trois verres maximum par jour. Et encore, tout dépend du métabolisme de chacun. On sait qu'une femme présente une tolérance inférieure. Que dire aussi des jeunes ? À partir de quel âge peut-on boire quotidiennement du vin sans risque ? Les réponses des scientifiques manquent. Autant donc rester prudent et lire les résultats des scientifiques comme il faut boire de l'alcool : c'est-à-dire avec modération.

Vous souhaitez consulter un œnologue, trouver la meilleure route du vin d'une région, vérifier la cote d'un vin ou tout simplement acheter vos bouteilles… direction votre souris d'ordinateur. Branché sur le Net, vous n'avez que l'embarras du choix. Sur le seul moteur de recherche *Yahoo*, on recense plus de 2 600 sites consacrés aux vins. Paradoxe étrange, la France, pays du vin, arrive largement derrière les États-Unis par le nombre de sites. Les Américains sont les pionniers. L'œnologue Peter Granoff a lancé son site (http://www.virtualvineyard) en janvier 1995. Il propose

plus de 300 vins à l'achat, provenant du monde entier. Chaque mois, plus de 80 000 personnes se branchent sur son site. Spécialisé dans les circuits du Bordelais, le site *Travel Source* attire beaucoup de surfeurs étrangers (http://www.travelsource.com/wine/avalon.htlm). Quant aux Français, ils s'y mettent petit à petit. Récemment s'est créée à Toulouse une société spécialisée dans la distribution du vin en Europe via l'Internet. Les Vignerons associés emploient cinq personnes et deux œnologues à temps partiel. Dix-neuf propriétaires représentant une trentaine d'appellations proposent dorénavant leur vin via la Toile. Leur site *Rouge et Blanc* (http://www.rouge-blanc.com) a déjà accueilli plusieurs milliers de visiteurs depuis son ouverture en novembre 1997.

Les formations

Les diplômes avant le bac

Le CAPA et le BEPA Le certificat d'aptitude professionnelle agricole (CAPA) et le brevet d'études professionnelles agricoles (BEPA) sont les diplômes de base des métiers liés à l'agriculture en générale. Ils proposent des mentions spécifiques pour les débouchés dans la vigne et le vin. Tous deux donnent accès au niveau d'ouvrier qualifié.

Si vous souhaitez passer l'un de ces deux diplômes, deux stratégies s'offrent à vous. Vous pouvez opter soit pour une classe de 4e et 3e préparatoires, soit pour une classe de 4e et 3e technologiques. Ces deux filières mènent à la préparation d'un CAPA et d'un BEPA. Leur différence : la poursuite d'études est plus facile après un parcours en classe technologique.

Accessibles à l'issue de la 3e, le CAPA et le BEPA dispensent deux années de formation. L'enseignement, très axé sur la pratique, aborde les connaissances de base sur les ceps, la plantation, l'entretien, les vendanges, l'organisation d'une cave…

Il existe deux options en CAPA : vigne et vin ou "tonnelier". Autre possibilité : suivre une année supplémentaire pour décrocher la mention complémentaire "employé sommelier". Après un BEPA option exploitation, spécialité viticulture-œnologie, vous pouvez compléter votre formation par des certificats de spécialisation : sommelier, tonnelier…

CAPA et BEPA : tous deux donnent accès au niveau d'ouvrier qualifié.

29

Les meilleurs élèves peuvent espérer poursuivent leurs études après un BEPA afin de se diriger vers des diplômes de niveau IV tels qu'un brevet de technicien agricole (BTA) ou un bac professionnel. Le retour vers une seconde générale n'est pas non plus à exclure.

Le brevet de technicien agricole axe son enseignement sur la commercialisation des vins et spiritueux. Un excellent complément donc à la formation pratique du BEPA. Un investissement aussi puisqu'il dure deux années.

Le bac professionnel "conduite et gestion de l'exploitation agricole vigne et vin" se prépare en deux ans. Aux cours pratiques et théoriques sur la vigne et le vin déjà enseignés en BEPA et CAPA s'ajoute une connaissance en gestion et comptabilité importante. BTA, BEPA et bac professionnel forment des ouvriers hautement professionnels.

BTA, BEPA
et bac professionnel
forment des ouvriers
hautement professionnels.

Pendant la période de fermentation, le vin fait l'objet d'une surveillance constante. ③⓪

Les diplômes après le bac

Le BTSA Le brevet de technicien supérieur agricole (BTSA) est un diplôme de niveau III, c'est-à-dire bac + 2 années d'études supérieures. Pour y postuler, il faut posséder un BTA ou un bac (bac S, bac professionnel, bac technologique). Les candidats sont sélectionnés à partir de l'examen de leur dossier scolaire. Les éventuels redoublements sont pris en compte ainsi que la moyenne générale des notes obtenues en cours de cursus et à l'examen du

bac. Il existe deux options : "viticulture-œnologie" et technico-commercial, spécialisation "vins et spiritueux". Tout en restant pratique et professionnel, l'enseignement dispensé en BTSA aborde des notions plus théoriques sur les procédés chimiques de la viticulture et les transformations physico-chimiques du raisin en vin. Les matières scientifiques y prennent donc une place importante. Sans oublier les cours d'expression écrite et orale, l'apprentissage d'une langue étrangère, les cours de gestion, comptabilité, de commerce et de marketing. Une dose de droit et de communication boucle un programme chargé, censé vous préparer à l'examen national. Enfin, les élèves sont envoyés en stage de quatre mois chez un vigneron. À l'issue de ce stage, ils doivent présenter un rapport qui donne lieu à une appréciation par le maître de stage ainsi qu'à une soutenance orale et notée.

Les diplômes post-bac + 2 La mode étant à la poursuite d'études, les filières du vin et de la vigne n'échappent pas à la vogue des diplômes post-bac + 2. On ne parle pas de bac + 3 car, pour la plupart, ces formations ne

Les élèves sont envoyés en stage de quatre mois chez un vigneron. À l'issue de ce stage, ils doivent présenter un rapport qui donne lieu à une appréciation par le maître de stage.

Pendant la fermentation, le soutirage (ci-dessus et page de droite) permet, en transvasant le vin d'un récipient à un autre, d'éliminer certains dépôts. Régulièrement, on mesure le taux d'alcool et le taux de sucre (ci-contre, en bas).

sont pas habilitées à délivrer ce niveau licence.

Les étudiants titulaires d'un BTSA disposent de deux formations de ce niveau : le DTA (diplôme de technologie approfondie) délivré par l'Université du vin de Suze-la-Rousse et le diplôme de l'Institut de promotion commerciale (IPC) de Bordeaux.

Le DTA gestion et marketing du secteur vitivinicole forme, en collaboration avec l'IUT de Valence, des techniciens supérieurs de niveau bac + 3 (habilité) capables d'intervenir dans les services suivants des entreprises : généraux (gestion, administration, finance), commerciaux (vente et marketing), achats (approvisionnements, transports, stockages), export. Les études s'étalent sur 700 heures. Les étudiants doivent effectuer un stage de 3 mois minimum dans une maison de négoce, une coopérative, un distributeur…

Les candidats sont sélectionnés sur dossier et entretien, l'expérience professionnelle pouvant être un atout. Détail important : la formation est loin d'être gratuite puisqu'elle coûte 27 000 FF. Une somme qui peut être prise en charge par l'employeur via un contrat de qualification.

Le diplôme de l'IPC de Bordeaux donne accès aux mêmes débouchés. Délivré par la Chambre de commerce et

d'industrie (CCI) de Bordeaux, il n'est toutefois pas habilité à bac + 3. Il dure 9 mois. Les étudiants passent 9 semaines en entreprise dans le cadre d'un stage obligatoire.

Les diplômes universitaires

Les diplômes universitaires spécialisés dans la vigne et le vin n'existent pas dans le premier cycle. Pour entreprendre un deuxième cycle dans ce secteur, il faut toutefois suivre un Deug sciences de la vie, un BTSA viticulture-œnologie ou un DUT biologie.

Le diplôme de l'IPC : les étudiants passent 9 semaines en entreprise dans le cadre d'un stage obligatoire.

Le deuxième cycle

Seule l'université de Dijon délivre une licence des sciences de la vigne. L'enseignement théorique aborde les problèmes de chimie et biochimie des plants de vigne. Ce diplôme n'a d'intérêt que s'il aboutit à une poursuite d'étude en maîtrise. Certains l'utilisent également pour tenter l'examen d'entrée dans la filière œnologie. D'autres se contentent de la maîtrise pour rechercher un poste d'encadrement dans le secteur vitivinicole. Enfin, les plus motivés accèdent aux diplômes de troisième cycle : DEA et DESS.

Le troisième cycle

Il existe deux diplômes de troisième cycle. Et ce dans toutes les spécialités. Le diplôme d'études approfondies (DEA) et le

LES PLUS MOTIVÉS ACCÈDENT AUX DIPLÔMES DE TROISIÈME CYCLE : DEA, DESS.

L'ouillage permet, lui, de maintenir le niveau de vin dans le tonneau.

diplôme d'études supérieures spécialisées (DESS). Ils se préparent en un an après une maîtrise, un diplôme d'ingénieur, le diplôme national d'œnologue ou tout autre diplôme reconnu à bac + 4. Contrairement au DESS, le DEA n'est pas une fin en soi. Il est la première étape vers la recherche. Quant au DESS, son profil très professionnel et pratique vous ouvre les portes des entreprises.

Vous avez le choix entre quatre DESS essentiellement axés sur l'économie et le droit. Le DESS œnologie des vins de Champagne à Reims, droit de la vigne et du vin à Aix-Marseille III, connaissance et gestion des terroirs à Besançon, et droit, économie et gestion de la filière vitivinicole à Bordeaux I.

En revanche, il n'existe pour l'heure qu'un DEA. Il se prépare à l'université de Bordeaux II avec la collaboration de l'université de Bourgogne. Il s'agit du DEA d'œnologie et d'ampélologie (sciences de la vigne) qui n'offre qu'une petite quarantaine de places par an.

Les DU À côté des diplômes nationaux, l'Université propose également des formations dont le titre n'est pas reconnu ni habilité. On les appelle les

Ces diplômes se présentent souvent comme un excellent complément à une formation reconnue…

DU (diplômes d'université) ou certificats d'études supérieures spécialisées. En proposant ces formations, les universités essaient ainsi de répondre à une demande, souvent régionale, d'un secteur professionnel particulier. Ces diplômes se présentent souvent comme un excellent complément à une formation reconnue telle que le titre d'œnologue. Le marketing, le droit, le commerce, la gestion regroupent la plupart des options proposées par ces diplômes. On trouve aussi une formation en dégustation à Grenoble II et Bordeaux II.

Le diplôme d'œnologue Tout comme certains métiers (psychologue, architecte…), le titre d'œnologue est protégé. On ne peut y prétendre si on ne possède pas le diplôme délivré par cinq universités (Bordeaux II, Dijon, Montpellier, Reims, Toulouse III) et une école d'ingénieurs (ENSA Montpellier). L'enseignement balaie toute la filière du vin : de la vigne à la commercialisation en passant par la vinification et la distillation des eaux-de-vie. Depuis quelques années, la formation tend à se diversifier afin de créer de nouveaux débouchés aux œnologues : communication, conseils, expertises…

Les études sont accessibles sur examen du dossier scolaire. Seuls les étudiants ayant obtenu des mentions au cours de leur premier cycle (Deug

œnologue

sciences de la vie, BTSA vin et vigne, DUT biologie…) peuvent espérer entrer dans l'une des universités qui dispensent cette formation. Après deux années d'études et deux stages professionnels, les étudiants sortent de la fac avec un niveau bac + 4 et le titre d'œnologue. La profession regroupée au sein de l'Union des œnologues de France (UOF) milite pour l'allongement des études jusqu'au bac + 5. En attendant, les diplômés poursuivent en troisième cycle, généralement dans un DESS.

Les formations d'ingénieurs *Nec plus ultra* des titres de l'enseignement supérieur, le diplôme d'ingénieur existe aussi dans le secteur viniviticole. En fait, deux écoles d'ingénieurs délivrent des diplômes spécialisés. L'École nationale supérieure agronomique de Montpellier (ENSAM) et l'École nationale d'ingénieurs des travaux agricoles de Bordeaux (ENITAB). Décrocher le titre d'ingénieur, cela signifie passer au minimum cinq années d'études supérieures : deux ans en classes préparatoires et trois années dans le cycle ingénieur de l'école (à moins que celle-ci n'intègre ses propres classes préparatoires). Il est également possible d'entrer directement dans le cycle ingénieur en postulant via les admissions parallèles après un premier cycle (BTSA, DUT, Deug…). Ces écoles recrutent aussi des titulaires d'une maîtrise pour deux années de cycle d'ingénieur. Outre les matières scientifiques et techniques (chimie, biochimie, physique, biologie, biologie moléculaire…), les étudiants reçoivent également une formation commerciale (légère) et informatique. L'ENITAB propose deux spécialisations : "viticulture, œnologie et économie vitivinicole" et un mastère en "gestion de domaine viticole". L'ENSAM dispose de deux options : "sciences et techniques des productions végétales" mention viticulture ou mention viticulture-œnologie ; "Sciences et techniques des industries agricoles et alimentaires" mention œnologie-technologie du raisin. Elle possède aussi un DEA "sciences des aliments", un doctorat d'œnologie ainsi qu'un diplôme national d'œnologie (DNO).

La plupart des diplômes présentés **dans la partie formation** *se préparent soit* **en formation traditionnelle** soit en alternance.

Lycée agricole de Rouffach, près de Strasbourg.

Formation classique ou en alternance ?

La plupart des diplômes présentés dans la partie formation se préparent soit en formation traditionnelle soit en alternance. Dans le premier cas, vous avez un statut d'élève ou d'étudiant, dans le second vous êtes salarié. D'un côté, vous suivez les cours normalement, de l'autre vous alternez entre cours et présence au sein d'une entreprise.

L'alternance est ouverte aux jeunes de 16 à 26 ans. Il s'agit d'un véritable contrat de travail entre un jeune et son employeur. Il existe en gros deux types de contrat de travail : le contrat d'apprentissage et le contrat de qualification. Les différences portent essentiellement sur la durée du contrat et la rémunération du salarié. Du CAP au bac professionnel, l'élève a le choix entre les deux contrats. Dans le supérieur, en revanche, l'apprentissage s'impose le plus souvent. L'objectif est le même : obtenir une qualification ou un diplôme. Les formateurs conseillent vivement l'alternance aux candidats qui ne sont pas issus du milieu viticole : « C'est le meilleur moyen pour eux de se faire connaître et d'apprendre les techniques », précise le responsable du lycée agricole de Rouffac. Quant aux fils et filles d'agriculteurs, ils peuvent se contenter de la formation classique. « L'exploitation familiale leur suffit pour

acquérir la pratique », ajoute-t-il. Autre avantage, et pas des moindres, de l'alternance : elle fonctionne comme une préembauche. Si vous faites l'affaire, en fin de contrat, votre patron n'hésitera pas à vous proposer de rester. S'il est contraint par des questions

Les formateurs conseillent vivement l'alternance aux candidats qui ne sont pas issus du milieu viticole : "C'est le meilleur moyen pour eux de se faire connaître et d'apprendre les techniques."

budgétaires, il vous recommandera auprès de la profession. Bref, c'est une excellente porte d'entrée.

Pour suivre une formation par alternance, il faut d'abord signer un contrat de travail. C'est donc la même démarche qu'une recherche d'emploi (ANPE, petites annonces, candidatures spontanées…). L'inscription en centre de formation public (lycées, universités, CFA…) ou privé ne peut donc avoir lieu avant d'avoir trouvé un employeur. Heureusement, certains établissements de formations reçoivent plus d'offres d'employeurs que de demandes de candidats. Il suffit donc de les appeler et ils vous mettront en contact avec les entreprises. Dans tous les cas, vous obtiendrez plus d'informations dans les ANPE proches de votre domicile, dans les missions locales ou dans les Centres d'information et d'orientation (CIO).

« Aujourd'hui, il est pratiquement impossible de s'installer à son compte. »

Comment débuter ? « Aujourd'hui, il est pratiquement impossible de s'installer à son compte. » Tous ceux qui n'ont aucun parent dans la partie savent qu'il est inutile de rêver.

Château-Palmer, cru classé du Médoc.

À moins d'avoir des parents très riches, l'achat d'une exploitation n'est pas à leur portée. Le message ne peut pas être plus clair. Et inutile de compter sur les prêts bancaires, aucune banque n'est assez folle pour autoriser un tel rêve. En revanche, elles acceptent d'aider les jeunes vignerons qui reprennent l'exploitation des parents avec un projet d'investissement précis. Pas à n'importe quelle condition, puisque le repreneur doit justifier d'un certain niveau scolaire : le bac professionnel au minimum.

Pour les autres, la meilleure solution pour trouver un emploi est de se faire connaître et apprécier. Rien de mieux que les stages pour cela. « Plus vous faites de stages, plus vous faites parler de vous », explique Marie, élève de bac pro. « La profession est petite, les gens se croisent souvent et parlent beaucoup. Les réputations sont vite taillées », ajoute cette jolie blonde de 18 ans.

"Plus vous faites de stages, plus vous faites parler de vous."

40

Vendanges au château d'Yquem, Gironde.

Les vendanges, un bon plan pour se faire les dents Dans ses bottes trop grandes, son ciré jaune passé et sa bouteille d'eau coincée dans la poche, Annie commence sa journée au lever du soleil. Sa mission : sélectionner les grappes et couper les plus mûres. Trois jours qu'elle se lève à six heures du matin pour ses premières vendanges. Et déjà les courbatures qui cisaillent son jeune corps de vingt ans. « C'est dur mais tellement génial de se retrouver dehors auprès de ces fruits qui sentent si fort le sucre, la terre et le soleil. »

Huit heures par jour dans les vignes passées à se baisser, à transporter des kilogrammes de raisins dans des hottes, pas étonnant que le métier soit réputé ingrat et physique. Pourtant, les vendanges sont le meilleur moyen de savoir si l'on est fait pour cette profession. Des milliers de travailleurs saisonniers, étudiants inclus, apprécient chaque année cette quinzaine particulière. Pour environ 5 000 FF, on passe un bon moment dans les vignes à côtoyer les autres vendangeurs ainsi que les vignerons. Pour postuler, les recettes traditionnelles ne fonctionnent pas. Les vignerons ne lisent pas les CV. Le mieux consiste à se rendre directement dans les ANPE des régions viticoles. Celles-ci collectent jusqu'à 30 % des offres d'emplois. Les chambres départementales de l'Agriculture, les organismes professionnels et les mairies relaient aussi les besoins de main-d'œuvre des exploitants.

ES VENDANGES SONT LE **MEILLEUR MOYEN** DE **SAVOIR** SI L'ON EST FAIT POUR CETTE **PROFESSION.**

interviews

Yves Gloris
professeur à la faculté
d'œnologie de Bordeaux II

Faut-il vraiment s'y connaître pour entamer des études dans le domaine vitivinicole ?

Absolument pas. Seulement 10 % de nos étudiants sont des fils ou filles de vigneron. Venir chez nous avec un œil neuf et vierge peut être un atout pour réussir. La connaissance géographique et historique des vins peut s'acquérir dans les livres. Cela s'apprend. Même la connaissance organoleptique (analyse sensorielle) s'acquiert au cours des études, notamment à travers les travaux pratiques. Je demande seulement aux candidats d'aimer le vin.

Comment sélectionnez-vous les candidats ?

Pour une soixantaine de places par an, nous devons faire le tri parmi plus de 350 demandes. Nous retenons les étudiants ayant eu des mentions au cours de leur premier cycle. Nous accueillons 30 à 40 % de Deug sciences de la vie. Le reste des effectifs vient des BTSA vigne et vin, des DUT biologie. Nous avons aussi quelques maîtrises et des ingénieurs.

Pour quelles études ?

L'ensemble de la filière tourne autour de deux diplômes principaux. Le diplôme d'études approfondies

> Seulement **10 %** de nos **étudiants** sont des **fils** de **vigneron.** Venir chez nous avec un **œil neuf** et vierge peut être un **atout** pour **réussir.**

43

(DEA), un troisième cycle destiné à l'enseignement et à la recherche, et le diplôme national d'œnologue (DNO). Le premier dure trois ans contre deux années pour le second. Le DEA dispose de deux mentions : ampélologie (sciences de la vigne) ; vigne et vin. Créé en 1955, le DNO donne accès au titre protégé et à la profession d'œnologue.

Créé en 1955, le DNO donne accès au titre protégé et à la profession d'œnologue.

Vous proposez d'autres formations ?

La fac prépare à deux diplômes d'université (DU). Ils portent sur l'œnologie et sur la chimie agricole des sols. Dans le cadre de la formation continue, nous accueillons beaucoup de stagiaires, notamment étrangers (Allemagne, Italie, Angleterre, Espagne, Portugal…). Nous leur proposons des formations à la carte portant sur l'ensemble de la filière. Toujours en formation continue, nous délivrons un DU d'aptitude à la dégustation des vins. Créé en 1975, il est très reconnu par la profession. Il dure un an et accueille 45 auditeurs.

L'œnologie est-elle une science ?

Pas exactement. C'est un domaine d'étude du vin et de la vigne qui fait appel à des sciences : chimie, physique, biochimie, microbiologie… C'est d'ailleurs le discours que je délivre à mes étudiants. Je leur répète souvent que l'objet de nos études est le vin. Les sciences doivent être envisagées uniquement comme des outils au service de notre mission : sublimer le vin.

Isabelle
Baratin-Canet

viticultrice au Château-Grillet, Côtes-du-Rhône.

Dégustation dans une cave de Bourgueil (Indre-et-Loire)

Enfant, rêviez-vous d'être vigneronne ?

Pas du tout. Petite, j'étais fascinée par la station essence située à côté de la maison de mes parents. Je rêvais donc d'être pompiste.

Quel est donc votre parcours scolaire ?

Je suis allée jusqu'au niveau bac + 3. J'ai d'abord suivi des études médicales, puis je me suis dirigée vers une école de commerce et de gestion.

Comment êtes-vous devenue viticultrice ?

Le hasard et les malheurs de la vie. J'ai vécu des événements difficiles qui m'ont ramenée vers mon père et l'exploitation. Il a compris ma démarche et m'a proposé gentiment de tenter le coup à ses côtés. Puis il est mort soudainement. En accord avec ma famille, j'ai accepté de reprendre le vignoble. Ce patrimoine familial ne pouvait pas être abandonné ni quitter la famille.

Domaine du Château-Grillet.

En accord avec ma famille, j'ai accepté de reprendre le vignoble.

Domaine du Château-Grillet.

Dans **quel** état **d'esprit** avez-vous repris les rênes ?

Mon père m'avait bien introduite auprès du milieu viticole. Les ouvriers de la propriété ont pu ainsi constater le sérieux de mon engagement. Si bien qu'à la mort de mon père, j'ai pu poursuivre le travail.

Vous n'avez suivi aucune formation spécifique ?

Aucune. Toutes mes connaissances viennent des livres et surtout du terrain. Des heures passées à observer mon père, à travailler auprès des ouvriers, à écouter les conseils de l'œnologue de la propriété.

Qu'avez-vous apporté à la propriété ?

On ne change pas de technique du jour au lendemain. J'ai donc suivi les méthodes de travail ancestrales de mon père tout en y apportant quelques innovations. J'ai travaillé avec le laboratoire pour améliorer la qualité du vin. Je pense aussi avoir beaucoup apporté sur le plan marketing, à travers l'embouteillage et la conception de nouvelles étiquettes et grâce à une communication sincère et ouverte.

Quelles joies vous procure ce métier ?

J'aime tous les aspects de ce métier tant ils sont nombreux, divers et variés. J'aime me promener dans la vigne en hiver comme en été. J'aime aussi rester des heures dans la cave. Enfin et surtout, j'apprécie les contacts avec la clientèle. Rien ne me

Toutes mes connaissances viennent des livres et surtout du terrain.

fait plus plaisir que d'accueillir des gens qui ont fait des kilomètres rien que pour m'acheter une bouteille.

Est-ce particulièrement difficile d'être une femme dans ce milieu ?

Les travaux sont durs mais j'ai une équipe de gens sympathiques et disponibles. C'est un milieu d'hommes. J'ai prouvé mes compétences, je suis donc respectée.

Êtes-vous concernée par les nouvelles technologies ?

Si vous pensez par exemple aux vendanges mécaniques, ce n'est pas le genre de la maison. La machine ne remplacera jamais la main de l'homme. Cela dit, je tiens à me tenir au courant des avancées technologiques du secteur. Mon souci ne changera pas. Je veux faire le meilleur vin tout en respectant le terroir et l'environnement. Je n'ai que trois hectares et demi. Je veux maintenir un esprit artisanal à mon exploitation.

Diriez-vous que c'est un métier pénible ?

Non. Je n'irais pas jusque-là. Même si je vis continuellement avec la peur au ventre. C'est dur d'espérer la clémence du ciel.

Le conseilleriez-vous à des jeunes ?

Je reçois souvent des élèves. J'insiste toujours sur deux choses. Premièrement, je leur dis que rien n'est jamais acquis définitivement. Avec le vin, il faut rester vigilant tout le temps. Ensuite, je leur conseille fortement de multiplier les stages chez les viticulteurs. Chacun d'eux a quelque chose à leur apporter.

Premièrement, je leur dis que rien n'est jamais acquis définitivement. Avec le vin, il faut rester vigilant tout le temps…

BIBLIOGRAPHIE

• *Documentation du ministère de l'Agriculture et de la Pêche DGER* (Direction générale de l'enseignement et de la recherche), 1 ter, avenue de Lowendal - 75700 Paris 07 SP, 01.49.55.51.61

• *Publications de l'APECITA* (Association pour l'emploi des cadres, ingénieurs et techniciens de l'agriculture et de l'agroalimentaire), 1, rue du Cardinal-Mercier - 75009 Paris, 01.44.53.20.20

• *Brochures du CNEAP* (Conseil national de l'enseignement agricole privé), 277, rue St-Jacques - 75005 Paris, 01.53.73.74.20

• *Publications du Sésame* (service des échanges et des stages agricoles dans le monde), 9, square Gabriel-Fauré - 75017 Paris, 01.40.54.07.08

REVUES

• *Tribune verte* (04.90.84.03.03)

• *La France agricole* (01.40.22.79.00)

• *La Journée vinicole* (04.67.07.91.01)

• *Revue des œnologues* (03.85.37.43.21)

• *Revue française d'œnologie* (04.67.58.69.06)

casterman

les compacts de l'info

1 Éric Cantona
2 Le bac, à quoi ça sert ?
3 Bob Marley
4 Steven Spielberg
5 Les jeux vidéo, machines à rêve
6 L'ordinateur, arme de guerre
7 Combattre le chômage
8 Enfants et prostitués
9 Noirs aux USA, la lutte pour l'égalité
10 La fin du nucléaire ?
11 Clint Eastwood
12 Cannes, 50 ans de jeunes talents
13 La drogue, quelles réponses ?
14 Michael Jordan
15 Canal +
16 Roland-Garros, les coulisses d'un grand tournoi
17 Enfants, quels droits ?
18 Hong Kong, retour en Chine
19 Profession top model
20 Yannick Noah
21 L'esclavage
22 L'immigration, une ch pour l'Europe ?
23 Internet, mode d'em
24 Le sida
25 Profession police scie
26 L'extrême droite, un danger pour la dén
27 La techno
28 Déchets, la planète e
29 Michel Platini
30 Foot 98, le rendez-vous mond
31 Le suicide, liberté ou
32 Ciné Muscles
33 Groupes de boys et de filles
34 Le soleil, ami ou enn
35 Profession archéolog
36 Les métiers du vin